S7

L'ÉTAT PRÊTEUR,

seul moyen

DE RÉTABLIR ET MAINTENIR LE TRAVAIL.

Coût : 25 centimes.

SE TROUVE A AMIENS :

Chez M. Libraire, rue des Trois-Cailloux.

1848.

L'ÉTAT PRÊTEUR,

SEUL MOYEN

DE RÉTABLIR ET MAINTENIR LE TRAVAIL.

AMIENS,

Imprimerie de DUVAL et HERMENT, place Périgord, 1.

—

1848.

PROJET DE DÉCRET.

CRÉDIT DE CONFIANCE.

Comptoirs Nationaux.

ART. 1.er — Deux millions pour chaque département sont mis à la disposition des comptoirs nationaux établis ou à établir dans les villes que le Préfet jugera en avoir besoin d'après leur industrie et leur commerce.

ART. 2. — Un crédit sera ouvert à toute personne qui le demandera, sur ses simples billets à 3 et 4 mois, jusqu'à concurrence de la somme qu'un jury municipal estimera devoir être prêtée, d'après la moralité et la position de solvabilité notoire du demandeur.

ART. 3. — Le jury sera composé :

Du maire ou d'un adjoint, président ;

De deux membres du conseil municipal,

Du juge-de-paix,

Du directeur du comptoir.

ART. 4. — La délibération sera prise à la majorité des voix et consignée sur un registre spécial qui restera ès-mains du directeur du comptoir.

Projet de Décret.

Crédit de Marchandises.

ENTREPOTS.

Art. 1.er. — Des entrepôts publics sont créés par l'Etat ; il en sera établi un dans chaque chef-lieu d'arrondissement et même au besoin dans chaque ville ayant une population d'au moins 10,000 âmes.

Art. 2. — Tous propriétaires, négociants et marchands, sont admis à y déposer leurs marchandises et à emprunter dessus jusqu'à concurrence de la moitié ou des trois quarts de leur valeur constatée par un jury d'expertise.

La somme prêtée sera constatée sur le récépissé de dépôt et sera restituée avec l'intérêt à 3 p. 0/0.

De plus, il sera payé un droit de magasinage à raison de pour cent de la valeur estimative des marchandises pour chaque mois, le mois commencé étant réputé fini.

Les marchandises devront être retirées dans les quatre ou six mois, sinon vendues aux frais, risques et périls des déposants.

Art. 3. — L'Etat donnera ou des espèces ou des billets dit banque des Entrepôts.

La mise en circulation desdits billets ne pourra jamais excéder l'importance des prêts.

Art. 4.— Ces entrepôts seront tenus par un sous-directeur dépendant du directeur principal, à établir au chef-lieu de chaque département, et seront surveillés par les inspecteurs des finances et particulièrement par les maires de chaque localité.

Art. 5. — Les dépôts seront constatés sur un registre spécial, et il en sera délivré récépissé.

Art. 6. — Les billets de banque seront extraits d'un registre à souche à mesure des besoins, de manière que par la simple vérification de la caisse on puisse s'assurer qu'il n'a pas été extrait plus que le nécessaire.

Au cas d'infraction par le directeur, il pourra être poursuivi comme concussionnaire.

PROJET DE DÉCRET

Pour l'Organisation du Crédit foncier.

BANQUE HYPOTHÉCAIRE.

Art. 1.er — Le Ministre des finances ouvrira un grand livre de crédit foncier pour toute la République.

Les receveurs généraux dans les chefs-lieux de département et les receveurs particuliers dans les chefs-lieux d'arrondissement, sont ses représentants pour payer et recevoir.

Art. 2. — Dans chaque chef-lieu d'arrondissement la

Banque foncière aura un notaire directeur pour vérifier, apprécier et accepter les titres de propriété, avec les conseils et le concours d'un notaire ordinaire du lieu et d'un avoué (ou de deux notaires là ou il n'y aurait pas d'avoués) choisis chaque année par le Préfet ou par le Président du tribunal civil.

Ce notaire recevra les actes de pret et quittance; il ne pourra passer d'autres actes.

Sa nomination n'est pas soumise aux règles du notariat.

Art. 3. — Tous propriétaires inscrits aux cadastre ou aux matrices de rôle, sont admis à emprunter de l'état moyennant privilége en faveur de celui-ci jusqu'à concurrence de la valenr estimative de chacun de leurs immeubles,

Moins un 6.e pour les biens ruraux,
Moins un 5.e pour les biens urbains,
Moins 2|5 pour les établissements industriels.

Le mode d'aménagement des bois et forêts qui appartiennent à la première oatégorie, sera déterminé par l'acte d'emprunt sur l'avis du jury d'estimation et sous la surveillance de l'administration forestière.

Art. 4. — Nul emprunt ne pourra être moindre de 200 fr. ni supérieur à 50,000 fr.

Art. 5. — Les immeubles seront estimés par un jury fonctionnant dans chaque canton et composé

1.° D'un suppléant du juge de paix de canton de la situation des biens (il sera le président),

2.° Du maire ou de l'adjoint de la commune de la situation,

3.° D'un architecte géomètre ou arpenteur du canton,

choisi, chaque année, par le juge de paix ou par le président du tribunal,

4.° Un entrepreneur de bâtiment ou charpentier aussi choisi pour un an ou par le juge de paix ou par le président du tribunal,

5.° Le contrôleur ou le percepteur des contributions de la situation,

6.° Le membre du conseil général,

7.° Le membre du conseil du département.

Toute décision sera prise à la majorité absolue des suffrages par cinq membres au moins.

Art. 6. — Tout individu qui frauduleusement hypothéquera un immeuble dont il saura n'être pas propriétaire ou qui serait grévé d'usufruit, de rente foncière où d'hypothèque légale, sera puni d'une amende qui ne pourra excéder le quart de la somme empruntée ni être moindre de 25 fr. et pourra en outre être puni d'un emprisonnement de deux mois à deux ans.

Art. 7. — Celui qui voudra emprunter devra adresser sa demande au notaire directeur de son arrondissement et joindre à l'appui,

1.° L'état estimatif de la valeur vénale de ses propriétés qu'il entend gager,

2.° Son contrat de mariage s'il est marié ou veuf,

3.° Un certificat du juge de paix de son domicile réel, constatant qu'il n'est et n'a été ni tuteur ni curateur, ni pourvu d'un conseil judiciaire, ni interdit, ni mort civilement,

4.° Un état des inscriptions hypothécaires grévant déjà la propriété qu'il entend affecter, sinon un certificat négatif,

5.° Ses titres de propriété,

6.° La police d'assurance des propriétés bâties contre l'incendie.

Art. 8. — Si l'examen des titres de propriété est satisfaisant le notaire de la Banque transmettra dans les trois jours au président du jury les pièces nécessaires pour l'expertise qui aura lieu dans la 8.e

Art. 9. — Un emprunt ne pourra être contracté par un homme marié qu'avec l'obligation solidaire de sa femme.

Art. 10. — Aussitôt la remise qui lui sera faite des titres et pièces et notamment du procès-verbal d'estimation par le jury, le notaire directeur dressera l'acte de reconnaissance de prêt emportant privilége sur un registre spécial.

Cet acte sera passé en présence de deux témoins attestant l'individualité des emprunteurs.

Le notaire s'assurera le lendemain par un nouveau certificat du bureau des hypothèques, que la position de l'emprunteur n'a pas changé depuis la délivrance du premier, après quoi il délivrera à l'emprunteur l'expédition de son acte d'emprunt.

Art. 11. — Sur la remise qui leur sera faite de l'expédition de l'acte d'emprunt et des deux certificats du bureau des hypothèques, les receveurs généraux ou particuliers délivreront jusqu'à concurrence de prêt, ou des espèces ou des billets hypothécaires dits de Banque portant des numéros d'ordre et qui seront extraits d'un registre à double souche.

Ces souches indiqueront l'une et l'autre la propriété hypothéquée son estimation, la somme prêtée, le nom de l'emprunteur.

L'une des souches détachée sera adressée au Ministre des finances, l'autre restera au registre entre les mains du receveur.

Art. 12. — Les billets ne pourront excéder 1,000 fr. ni être inférieur à 25 fr. Ils auraient cours forcé.

Art. 13. — L'hypothèque ou plutôt le privilége de l'Etat s'établit par le seul fait de l'acte d'emprunt et ne se prescrit pas.

Le bureau de Banque foncière est assimilé aux bureaux des hypothèques, et toutes personnes peuvent requérir certificat affirmatif ou négatif.

Art. 14. — Au cas de mutation, chaque immeuble passe aux mains du nouveau possesseur, avec la charge toute entière qui le concerne, sans pouvoir être morcellé à peine de nullité des actes quant à l'état et à peine d'exigibilité immédiate de la partie du pret qui le grève.

Art. 15. — L'hypothèque ou le privilége du Trésor sera toujours au premier rang.

A cet effet l'acte de pret sera fait tant pour la somme que le propriétaire voudra obtenir personnellement dans les limites de l'art. 3, que pour celle qui serait à rembourser aux créanciers inscrits antérieurement à la date de cet acte.

La somme nécessaire à l'acquit de ces créanciers, restera à leur disposition, et quand ceux-ci voudront recevoir, ils en donneront quittance par acte consigné en exécution de l'acte de pret sur le même registre, et la toucheront sur la remise d'une expédition ainsi qu'il est dit ci-dessus art. 11.

L'état n'est pas assujetti au renouvellement des inscriptions des créanciers ainsi désintéressés : son privilége se reporte et reste fixé à la date de l'acte d'emprunt.

Art. 16. — Du moment ou notification aura été faite aux créanciers inscrits au domicile élu dans leur inscription, du contrat passé avec l'état, ceux-ci ne pourront plus exercer aucunes poursuites relativement aux immeubles dont s'agit.

Art. 17. — Les créanciers sans inscriptions ou ceux qui postérieurement à l'acte de l'état obtiendraient des inscriptions hypothécaires ne peuvent provoquer la vente des biens soumis à son privilége, qu'à leurs risques et périls et qu'à la charge par l'acquéreur d'être comptable vis à-vis de l'état de l'intégralité de ses droits, sans avoir égard aux prix de vente ni aux frais. L'état restera étranger à tout ce qu'ils croiront devoir faire et ne pourra pas y être appelé.

Art. 18. — Les possesseurs des immeubles grévés sont tenus de payer annuellement à l'état 3 p. 0[0 des sommes empruntées, et ce par addition aux contributions foncières.

Le contrôleur des contributions prendra chaque année au bureau des receveurs généraux ou particuliers, les documents nécessaires pour la confection des rôles de recouvrement.

Le décompte pour ce qui concerne l'année courante, sera payé d'avance par retenue au moment du pret.

Art. 19.—Les possesseurs auront à leur volonté le droit de se libérer entièrement ou par fractions, en payant au trésor soit en billets de banque, soit en numéraires, par sommes rondes, qui ne pourront pas être au-dessous de 200 fr.

Art. 20. — Lors du remboursement, le notaire directeur sur la vue de l'expédition de l'acte d'emprunt remise par le receveur-général ou particulier, dressera sur un registre aussi spécial, la quittance qui sera signée par le receveur, en fera mention en marge de l'acte d'emprunt qu'il bâtonnera, et en marge de son expédition qui sera alors rendue à l'emprunteur.

Art. 21. — Les propriétés bâties grevées du privilège de l'Etat sont mises sous la garde et surveillance des agents des municipalités.

Des inspecteurs cantonnaux seront établis pour la surveillance des immeubles grevés et notamment des propriétés bâties qu'ils visiteront au moins une fois l'an.

(Les contrôleurs des contributions semblent des inspecteurs tout crées d'avance).

Si lors de la visite, les inspecteurs pensent que par une cause quelconque naturelle ou accidentelle, les immeubles grevés ont subi une diminution de valeur, ils provoqueront de la part du jury une vérification en la présence des possesseurs, et la diminution de valeur alors reconnue, devra être couverte dans le mois par un remboursement égal.

Le possesseur qui aura amélioré ou augmenté, après avoir fait constater par le jury l'importance de la plus value; pourra obtenir un nouveau prêt d'autant.

Art. 22. — Les poursuites en recouvrement de la part de l'Etat contre les possesseurs auront lieu comme en matière de recouvrement d'impôt; et s'il y a lieu de poursuivre la mise en vente des immeubles affectés, après un commandement reste infructueux pendant dix jours, il sera fait des appositions d'affiches de quinzaine en quinzaine, annonçant la vente qui aura lieu au choix du débiteur soit à la barre du tribunal, soit devant un notaire indiqué par lui.

Sur le produit de la vente le trésor public sera autorisé par ordonnance du juge, et sur simple référé à recevoir sans délai le montant de ce qui lui sera dû.

Art. 23.—La mise en circulation des bons ou billets hypothécaires par chaque arrondissement, ne pourra jamais excéder l'importance des sommes dues pour prêt.

On n'en détachera des souches qu'autant qu'il n'y en aurait pas en caisse par suite de remboursement.

Ces billets ne pourront être détachés des registres à souche par les receveurs qu'au fur et à mesure des besoins pour les prêts, à peine d'être réputés concessionnaires.

Les registres à souche sont soumis à l'inspection trimestrielle des inspecteurs des finances et de plus à celle volontaire des maires de tous les chefs-lieux d'arrondissement.

Enfin, la comptabilité de la caisse hypothécaire est placée sous la surveillance continuelle de deux ou trois représentants et soumise chaque année avec le budget, au contrôle de l'assemblée nationale.

Art. 24.—Est réputée non avenue toute clause portant que le remboursement d'une créance, ne sera opéré qu'en espèces d'or ou d'argent.

Tarifs des frais et dépens.

Les registres à souche, les billets qui en sont détachés, l'état estimatif de la valeur vénale des biens, le certificat du juge de paix, la décision du jury sont exempts du timbre et de l'enregistrement.

Les actes d'emprunt ne donnent ouverture qu'à un droit proportionnel qui sera du quart de un pour cent et la quittance du 8.e de un pour cent.

Les expéditions seront délivrées sur timbre de 1 25 et contiendront 50 à 55 lignes par page et 35 à 40 syllabes par ligne, les états et certificats du bureau des hypothèques seront délivrés sur papier libre au droit de un franc par inscription.

Observations

Sur le projet de Crédit foncier présenté par M. Duclerc.

(VOIR LE JOURNAL L'ESTAFETTE DU JUIN 1848.)

Dans son nouvel exposé sur la situation financière du pays, le ministre Duclerc nous dit qu'en partageant ses vues et en acceptant ses propositions, on éloignera à tout jamais la dangereuse menace du papier monnaie.

Un tel langage dans la bouche de l'homme d'Etat, est d'une grande imprudence. Qualifier de dangereux le recours au papier monnaie, c'est jeter de la défaveur, du discrédit sur un moyen qui peut bien n'être pas désiré par la haute finance, mais qui d'un instant à l'autre et plus prochainement qu'on ne croit peut-être, sera invoqué comme la seule planche du salut possible à la République.

Que sont d'ailleurs les rentes sur l'Etat, les bons du

Trésor, les billets de la Banque, les obligations, et les billets des particuliers, si ce n'est du papier monnaie.

Et dans le projet de M. Duclerc que voyons-nous? l'intention d'augmenter le papier monnaie. En effet son emprunt à la Banque n'aurait lieu qu'au moyen d'une nouvelle émission de rentes et de billets de banque. Son projet de crédit foncier repose sur une création de bons hypothécaires. Ainsi dans l'un comme dans l'autre projet M. Duclerc a recours au papier monnaie: et comment se fait-il qu'il cherche à l'avance à discréditer sa monnaie; pourquoi par ses actes se mettre de suite en contradiction avec ses paroles?

Nous demandons en outre au Ministre quelle différence le public doit attacher à l'appellation du papier monnaie dont il reconnaît l'utilité présente, disons même la nécessité. Que vous l'appeliez bons hypothécaires, ou billets de banque hypothécaires, peu lui importe; ce qui est bon à savoir, ce qu'il faut bien faire comprendre au public, c'est que ce papier n'est pas un simple crédit accordé par l'Etat, c'est que ce papier comporte avec lui-même une autre sureté, une autre garantie, un gage spécial; c'est qu'enfin il est la *représentation foncière de la propriété mobilisée.*

Examinons maintenant quelques dispositions de ce projet de crédit foncier.

L'article 5 fixe la quotité de l'emprunt par rapport à la valeur des propriétés.

Cette quotité est destructive de la faculté d'emprunter, et M. Duclerc qui n'aime pas, dit-il, le papier monnaie, peut se rassurer : son projet n'en ferait pas émettre beaucoup. Condamner les propriétaires fonciers à ne pouvoir grever leurs biens ruraux que de 3/5e, leurs biens urbains de la moitié et leurs établissements industriels du tiers, ce n'est pas changer, ce n'est pas améliorer la condition du propriétaire foncier, ce n'est pas lui ouvrir un crédit plus considérable que celui qu'il trouve actuellement. Les capitalistes jusqu'ici n'ont jamais été plus sévères, plus exigeants que M. Duclerc ; en effet, sur un bien rural de 50,000 fr, on on a toujours trouvé facilement à en emprunter 30 ; Sur une maison urbaine de pareille valeur on obtient plus de 25 ; et sur un établissement industriel aussi de 50, assuré contre l'incendie, le commerçant n'a jamais été gêné de rencontrer prêteur pour 16 à 17.

Donner au projet actuel, le titre d'organisation du crédit foncier, c'est une dérision. Qu'on ne veuille pas favoriser le crédit, qu'on craigne de lui donner de l'extention et des facilités, nous le concevons de la part de gens à courtes vues, qui ne sont financiers que de nom, qui se soucient fort peu, quoiqu'ils en disent, de la prospérité du commerce et du rétablissement du travail ; mais qu'on ait au moins la conscience de son opinion, la force et le courage de la soutenir franchement. La République doit-être ennemie du mensonge et de l'hypocrisie.

L'article 13 porte que les emprunts seront remboursés quant au capital en 20 annuités.

Ainsi quand vous aurez obtenu de l'Etat un prêt qui formera obstacle à ce que vous en obteniez un autre du crédit particulier, il vous sera, pendant 20 ans, impossible d'avoir recours à la caisse de l'Etat ; vous ne pourrez plus emprunter et votre propriété foncière *quoique dégrevée par des annuités payées*, sera entre les mains de l'agriculteur ou de l'industriel, une valeur morte, dont le commerce et le travail ne pourront plus profiter. Certes voilà un beau résultat ; c'est une magnifique organisation du crédit.

Mais, dira-t-on, on pourrait amender le projet et dire qu'au fur et à mesure que des annuités auront été payées, l'emprunteur pourra contracter vis-à-vis de l'Etat un nouvel emprunt jusqu'à concurrence de la valeur dégrevée.

Si telle est l'intention, il faudra bien le dire, et on doute que le Ministre l'entende ainsi ; s'il n'est pas possible d'avoir un nouveau prêt, le projet est inadmissible.

Admettons donc la faculté de nouveaux emprunts successifs d'année en année ; nous nous demandons alors pourquoi cette multiplication infinie de frais, de formalités et d'embarras : n'est-ce pas alors en revenir à la faculté indéterminée de remboursement par l'emprunteur ; n'est-ce pas reconnaître que le remboursement doit-être facultatif et que l'on peut avoir sa propriété constamment grevée, jusqu'à concurrence du crédit déterminé par la loi : revenons donc franchement à la vérité et dégageons nous de ces entraves coûteuses, multipliées et inutiles.

Autrement il faudrait que l'Etat consentit la priorité en faveur des nouveaux prêteurs, jusqu'à concurrence des annuités payées : pourquoi avoir recours à d'autres puisque l'Etat peut également prêter ?

Que signifient ces formalités dont parlent les articles 3 et 16. Croit-on que les emprunteurs ou les porteurs de bons hypothécaires iront consulter les souches d'où ils seront extraits? qu'après avoir remboursé, les emprunteurs devront garder soigneusement comme quittance, une foule de billets annulés? Cette prétendue garantie qu'on veut donner par là au public que l'Etat n'abusera pas de la mesure proposée pour se créer indéfiniment des valeurs, est tout-à-fait puérile. La comptabilité n'est-elle pas là toujours surveillée par l'Assemblée nationale; chaque année le compte de la caisse hypothécaire ne devra-t-il pas figurer au budget, et ne peut-on pas déléguer un ou plusieurs représentants comme surveillants des registres aux souches? Pourquoi d'ailleurs exiger autre chose que ce qui se pratique pour la banque de France qui ne peut émettre et qui n'émet en réalité pas plus que la loi ne l'y autorise?

L'article 18 crée une prime de un pour cent au profit du porteur; l'Etat, au lieu de 3 1/2 ne conservera donc réellement que 2 1/2. Ne vaudrait-il pas mieux faire profiter l'emprunteur de cette différence? Le porteur trouve dans son papier, ayant cours forcé, le même bénéfice que dans le numéraire effectif; à quel titre le gratifier d'un pour cent. Du moment où le cours n'est pas facultatif, vous n'avez pas à encourager la circulation par une prime.

L'article 19 nous ramène encore aux anciens usages et aux anciens systèmes de frais, dont on ne peut véritablement pas se séparer. Toujours l'enregistrement avec le notaire.

Pourquoi ne pas se contenter d'un directeur notaire avec des droits fixes, ou si l'on veut avec le droit de un quart pour cent qui certes serait plus que suffisant pour couvrir l'Etat de tous frais généralement quelconque. Pour le prélèvement de ces frais, il n'est pas besoin de renvoyer à un receveur d'enregistrement, il suffit d'en faire la retenue lors de la délivrance du capital prêté.

L'art. 24 compose un jury de sept personnes pour l'appréciation des titres et l'estimation de la propriété.

Nous voulons que les intérêts de l'État soient bien défendus ; mais exiger le concours de sept personnes étrangères au notariat, ce n'est pas là offrir des garanties à l'État, car dans cette réunion d'honnêtes gens, nous ne saurions voir la capacité, l'œil clairvoyant de l'homme de loi, habitué à l'examen des titres de propriété et aux questions de transcription, priviléges et hypothèques; nous n'y voyons pas non plus pour l'appréciation de la valeur, la connaissance de la localité et de la spécialité.

Puis que penser de l'avant dernier paragraphe de cet article 24 qui réserve à une Commission spéciale établie au Ministère des Finances, l'approbation de la décision du jury, en d'autres termes la question de savoir si le prêt sera effectué. Cette réserve détruirait la loi financière, qui deviendrait bientôt une loi politique: on ne prêterait plus à la propriété, on prêterait à l'opinion. Ce serait un levier dont on se servirait au moment des élections. Des moyens d'influence et de corruption: voilà ce que tous les Ministres veulent et voudront donc toujours se créer.

D'un autre côté, la centralisation ne cessera donc pas d'enchaîner tous nos mouvements? Renvoyer à Paris toutes les demandes d'emprunt foncier, c'est dire aux emprunteurs, aux spéculateurs, prévoyez-vous au moins un an d'avance ; n'attendez pas qu'une opération de commerce se présente, qu'il vous faille donner un cautionnement pour une entreprise, parce que l'État ne pourrait pas alors venir à votre aide. Aujourd'hui, en huit jours, par le secours des hommes de loi, vous pouvez bien obtenir un prêt d'un particulier, mais de l'État, n'y comptez pas.

Et vous appelez cela organiser le crédit foncier : vous voulez rétablir le travail? oui, pour dans un an sans doute, mais pas pour l'instant.

Cependant, que Messieurs les Gouvernants le sachent bien, la France est à bout : il va être impossible de continuer le paiement des impôts. Oh! alors, alors seulement on pensera à organiser le système financier, le Gouvernement consentira à recevoir en gage des marchandises ou des immeubles à l'encontre, ou en échange de ses valeurs numéraires, fictives ou réelles: mais ne sera-t-il pas trop tard? Nous avons chassé les aveugles, aurions-nous gardé les ennemis? Pauvre République! On veut te rendre impossible.

Au lieu de gaspiller nos ressources, nos finances, dans les ateliers de charité, prêtez donc aux communes, au commerce et à l'industrie, et vous n'aurez plus à vous occuper des ouvriers ; si on avait su le faire dès le principe, la France ne serait pas aux abois.

Prêtez! c'est le seul moyen de salut qui nous reste, mais hâtez-vous et gardez-vous bien surtout d'être parcimonieux après avoir été prodigues. N'allez pas être méfiants envers ceux qui peuvent reconstituer le travail, ce n'est pas le moment de marchander pour obtenir trop de garanties de l'emprunteur, sachons au besoin faire quelques nouveaux sacrifices pour sauver la Patrie de la banqueroute et de la guerre civile.

Le travail ne manque pas : l'agriculture, le commerce et l'industrie sont prets à en donner ; c'est le numéraire qui manque. Que le Gouvernement organise donc les prêts de toute nature et pour toutes les conditions. Rien de plus aisé.

Depuis que ces observations sont rédigées, nous avons eu

connaissance du projet de décret sur la même question par la société centrale des propriétaires immobiliers.

Ce projet est mieux conçu et serait préférable ; néanmoins il laisse encore beaucoup à désirer. Plusieurs de nos remarques l'atteignent également.

D'ailleurs, ces deux projets ne prévoient pas et ne résolvent pas des questions capitales.

En effet, cette banque est destinée à favoriser toutes les propriétés *grandes et petites*. Au moyen des morcellements infinis qu'ont eu lieu depuis 50 ans et qui augmenteront toujours, un grand nombre d'immeubles sont et peuvent être réduits à une valeur de 6 à 800 fr. et même à moins. Que l'État prête les deux tiers, soit 4 a 500 fr., il ne reste que 2 à 300 pour couvrir les chances d'une diminution de valeur, *les frais énormes d'expropriation et d'ordre.*

J'ai aussi rédigé un projet de loi sur cette matière et je crois avoir indiqué le meilleur mode de sécurité pour l'Etat, et le plus avantageux pour les propriétaires.

Je veux que l'État soit privilégié, et qu'il n'ait aucun créancier avant lui.

Alors les créanciers postérieurs doivent respecter les droits antérieurs de l'État. Ils n'ont pas intérêt à faire vendre, si la vente ne doit leur rapporter rien. Ainsi, avant de provoquer la vente, ils doivent s'assurer s'ils pourront obtenir de quoi laisser ès-mains de l'acquéreur pour désintéresser l'État, et de quoi subvenir en outre aux frais d'expropriation et d'ordre. Même avec cette assurance, ils doivent encore s'abstenir et on doit les forcer de s'abstenir, s'il ne doit pas rester à leur profit une portion de prix disponible; car faire des frais en pure perte, c'est un mauvais calcul, c'est une méchanceté.

Ainsi on peut dire que s'ils veulent courir la chance de la vente, les autres créanciers doivent garantir l'État qu'il n'en résultera pour lui aucun dommage.

J'interdis le morcellement indéfini qui fait toujours disparaître le gage du créancier, l'immeuble grevé doit rester tel qu'il était lorsqu'il a été donné en gage, parce que sa valeur a été alors appréciée dans son ensemble, et qu'il n'est pas permis de seinder cette valeur au préjudice du prêteur. En effet, un immeuble valant 1,000 fr. pourrait être divisé en cinq parties qui ne vaudraient plus chacune que 200 fr., taux inférieur pour le prêt, taux qui ne comporte pas les chances d'une dépréciation quelconque, et *surtout des frais d'une mise en vente.*

Dans mon système, je réunis en un seul bureau tous les actes d'emprunts au lieu de les éparpiller chez tous les notaires, je me débarrasse des formalités d'inscriptions; j'économise les frais de plus de moitié.

J'accorde plus de facilités aux emprunteurs, et l'État ne court aucune chance de diminution de valeur, parce que toutes les propriétés gagées sont surveillées et qu'à chaque instant il peut exiger le remboursement de l'importance de toute dépréciation.

On semble vouloir prendre contre l'État des garanties qu'il n'abusera pas de la faculté de créer et d'émettre des billets de banque, mais les précautions qu'on indique sont illusoires. Si l'État veut tromper en augmentant le nombre des billets, vous ne l'en empêcherez pas en supprimant quelques uns avec des emporte-pièces, parce qu'il en fera d'avantage au fur et à mesure. N'a-t-il pas d'autres moyens, n'y a-t-il pas d'autres émissions de valeur à sa disposition. Mais le Gouvernement ne peut rien, si l'Assemblée Nationale ne ferme pas les yeux et ne l'y autorise pas par son silence.

SYSTÈME FINANCIER.

La crise financière et la stagnation du commerce souvent répétées, ont pour principale cause l'insuffisance du numéraire en circulation comparé avec la valeur des marchandises en magasin, avec la valeur inactive des immeubles, avec l'accroissement de la population et l'activité commerciale produisant de plus en plus.

Il faut donc, de toute nécessité, augmenter le numéraire circulant au moyen du papier monnaie; ou plutôt sans l'augmenter beaucoup, du moins changer le système actuel qui met le pays constamment à la remorque et à la discrétion des grands financiers; il faut surtout aviser à ce que le numéraire indispensable ne soit pas exporté.

On parle beaucoup de l'amélioration du sort de l'ouvrier, mais on n'indique guère de moyens pratiques prompts et efficaces; en attendant qu'on puisse s'entendre pour améliorer, il faut se hâter de rétablir le travail, de faire rentrer les ouvriers dans les ateliers et de leur assurer le nécessaire, car il n'y a point d'augmentation possible de salaire quand il y a ralentissement de production ou encombrement dans les magasins.

Il faut surtout, et c'est là l'essentiel, c'est même, on peut l'assurer, l'un des meilleurs moyens d'améliorer le sort de la classe ouvrière ; il faut empêcher que le travail cesse tout à coup ; il ne faut plus qu'une panique, même qu'un encombrement momentané de marchandises vienne faire fermer les ateliers parce que les fonds manquent.

Notre système financier a consisté jusqu'aujourd'hui à avoir pour agent commercial le numéraire effectif pour un dixième , les papiers de portefeuille autrement dits crédit des particuliers , pour les neuf dixièmes.

On conçoit facilement que dans les instants de malaise, d'inquiétude et d'emcombrement, le numéraire effectif en circulation soit retenu inactif par les possesseurs et que le crédit résultant des papiers de portefeuille cesse en même temps, parce que ce papier ne peut remplacer le numéraire et qu'il n'est utile que dans les temps de grande activité, de grande confiance; en un mot, les papiers de portefeuille n'étant pas monnaie, n'étant qu'un signe de crédit, n'ont d'action que dans l'état constant de paix intérieure et extérieure.

En effet, nous venons d'en avoir la preuve, le crédit particulier est nul depuis le 24 février; personne ne peut se procurer d'argent pour continuer le travail ou faire face à ses besoins et à ses obligations; les emprunts ne sont plus possibles ; les banquiers eux-mêmes, avec leurs portefeuilles bien garnis de billets, sont obligés de suspendre ou modifier leurs paiements en espèces ; ceux qui ont des valeurs mobilières et immobilières sont considérés comme ne possédant rien, ils ne peuvent s'en aider.

Tout le mal vient donc de ce que notre système financier est plutôt fictif que réel, en un mot de ce qu'il repose non pas sur du numéraire réel et suffisant, mais sur un simple crédit ; non pas sur *une caisse toujours à la disposition du public, mais sur des caisses éventuelles et précaires.*

Pour obvier à ces inconvénients il suffirait pour l'Etat, de se rendre indépendant de la haute finance, mais osera-t-on le faire, c'est douteux.

La banque de France a de tout temps été le meilleur établissement de nos finances, parce que son crédit n'était pas fictif, parce que l'importance de ses billets, limitée par la loi, était toujours garantie par un encaisse ou un encave de contre-valeurs qui lui étaient propres ; en un mot les billets de banque ont tout à la fois la garantie de l'État et un gage spécial permanent et bien surveillé.

Mais cet établissement est insuffisant. Qu'on en crée d'autres, d'après les mêmes principes et avec les mêmes garanties.

Les valeurs immobilières et les valeurs de marchandises peuvent permettre ou d'autres banques ou l'extension de la première.

Une banque immobilière créée et dirigée par l'État, mettrait toutes les valeurs immobilières à la disposition prompte et facile de chaque propriétaire.

Des entrepôts et des bazars aussi créés et dirigés par l'État, permettraient aux possesseurs de marchandises de se procurer de suite des valeurs réelles ayant cours, en attendant le moment favorable des ventes.

Les billets de ces banques spéciales garantis par l'Etat et par le gage des immeubles ou des marchandises, seraient reçus partout avec la même faveur, la même confiance que les billets actuels de la banque de France ; leur émission en circulation ne pourrait jamais excéder l'importance des prêts, et d'ailleurs l'Etat serait libre d'en émettre moins quand il pourrait prêter des espèces.

Bientôt l'usage du crédit simple des particuliers serait diminué, pour ne pas dire abandonné entièrement, car le crédit simple exigeant le recours aux banquiers coûte 8, 10 et 12 p. 0/0, tandis que l'État peut prêter à 3 p. 0/0, le crédit simple n'est accompagné d'aucune garantie, et l'autre reposerait sur des gages matériels toujours disponibles et certains.

Le commerce se verrait donc d'autant dégagé de cette foule d'effets de portefeuilles que souvent il faut faire protester et faire suivre de frais qui ruinent les emprunteurs.

Il est donc incontestable que les billets de banque représentants des valeurs certaines et ayant d'ailleurs la garantie de l'État, donneront un crédit plus certain et mieux assuré que celui résultant du mode actuel des billets de particuliers.

Leur avantage plus évident est, en outre d'être en tout temps et *surtout dans les moments de crise commerciale et financière*, à la disposition du public, puisque en tout temps chacun pourra s'en procurer en se servant de son avoir mobilier et immobilier.

Sans doute, il circulera plus de papier monnaie, mais il circulera moins de billets particuliers qui ne le valent pas.

Assurément si au jour de la Révolution de Février, on avait eu cette ressource, le commerce ne se fut pas ralenti, les travaux n'eussent pas entièrement cessé, on se serait aidé de ses marchandises, on aurait grevé ses immeubles et on aurait pu, de cette manière, attendre le moment favorable de réaliser, pour se dégager ensuite; en un mot, on eût toujours continué de produire et on eût pu continuer le travail ; les ouvriers seraient restés dans les ateliers au lieu de courir le pavé et de vivre de charité.

Aujourd'hui encore, malgré la confiance qui va renaître, les affaires ne pourront reprendre de l'activité qu'autant que l'on aura mis la propriété foncière et la propriété mobilière, consistant en marchandises, à portée de se transformer en valeurs numéraires ; le crédit fictif par billets simples, les emprunts hypothécaires et les ventes mêmes, outre qu'ils sont des moyens trop couteux, ne suffiraient pas maintenant ; ils sont même *pour longtemps encore impossibles.*

On ne voit aucune objection sérieuse ; seulement ceux qui ont intérêt à ce que la France reste sous la dépendance des financiers et de l'usure, voudront assimiler les billets de banque aux assignats de la première révolution, mais il est facile d'en apercevoir toute la différence : les assignats créés dans un moment de terreur, par un gouvernement insolvable, ne reposaient sur aucune garantie, tandis que ceux dont il s'agit créés volontairement, garantis par l'État qui, certes, ne veut pas faire banqueroute, sont la *représentation réelle de la propriété mise en gage par les particuliers ; ils seront des billets hypothécaires et de nantissement ayant la même force que s'ils étaient délivrés par les emprunteurs eux-mêmes.*

Enfin l'État doit dans ce nouveau système profiter d'un revenu considérable, car sur les 3 0/0 d'intérêts, il n'aura rien à dépenser pour les frais de gestion et d'administration car les frais accessoires des actes de prêt et de libération devront presque suffire à couvrir toutes les dépenses.

PÉTITION

DESTINÉE A L'ASSEMBLÉE NATIONALE.

***Citoyens*,**

Il faut à tout prix rétablir le travail.

Pour y parvenir, nous demandons,

PREMIÈREMENT,

Que toutes les communes soient obligées de pourvoir de suite provisoirement aux besoins urgents de leurs populations respectives.

Plus de mendicité.

DEUXIÈMEMENT.

Que le travail soit rétabli aussi provisoirement sur le même pied qu'avant le 24 février, et que pour y arriver le gouvernement prête de suite :

1.° Aux communes, sur délibération de leurs conseils municipaux,

2.° A l'industrie et au commerce,

Soit en espèces, s'il y en a,
Soit en billets de banque,

SAVOIR :

A ceux qui ont des propriétés foncières, sur hypothèque,

A ceux qui ont des marchandises susceptibles d'être mises en dépôt, contre le dépôt de ces marchandises,

A ceux qui ont des marchandises non susceptibles d'être mises en dépôt, ou qui n'ont pas de marchandises, contre leurs engagements personnels, d'après leur moralité et leur position connue, jusqu'à concurrence du crédit qu'un jury municipal estimera devoir leur être accordé. Les comptoirs d'escomptes de chaque département doivent avoir pour cela à disposition au moins 2 millions ; ils admettraient la simple signature à 3 ou 4 mois.

Après avoir été prodigues de nos finances, n'allons pas être parcimonieux ; prenons toutes les garanties raisonnables, mais accordons une large part de confiance à la moralité ; sachons s'il le faut, nous exposer même à quelques nouveaux sacrifices pour l'avenir.

La France, quoiqu'il arrive, ne fera pas banqueroute; ayons confiance dans l'agriculture, le commerce et l'industrie pour le rétablissement des finances et du travail.

Le travail ne manque pas : tout le monde veut faire travailler; les ouvriers ne demandent pas mieux d'abandonner les ateliers de charité et de rentrer chez les patrons; ils sont fatigués et honteux de vivre aux dépens de la société, sans profit pour elle.

Quand le travail sera retabli, on pourra s'occuper des questions d'amélioration.

Que le gouvernement se hâte donc de prèter ; c'est notre seul moyen de salut.

Pas de demi mesure.
Pas d'ajournement.

Amiens, le 23 juin 1848.

MILLE.

Amiens.— Imp. de Duval et Herment, place Périgord, 1.

Le but principal du système, c'est d'avoir une caisse toujours ouverte aux travailleurs.

L'abaissement de l'intérêt n'est que secondaire, et peut être désiré comme faveur momentanée pour la reprise du travail.

Le maintien dans la circulation d'une quantité de billets de banque, dépendra des besoins du pays, ou si l'on veut de l'affluence ou de l'absence du numéraire réel : l'Etat reste libre d'en supprimer plus ou moins dès qu'il a des espèces.

www.ingramcontent.com/pod-product-compliance
Lightning Source LLC
LaVergne TN
LVHW010303230826
846091LV00007BB/2674
9782011757807